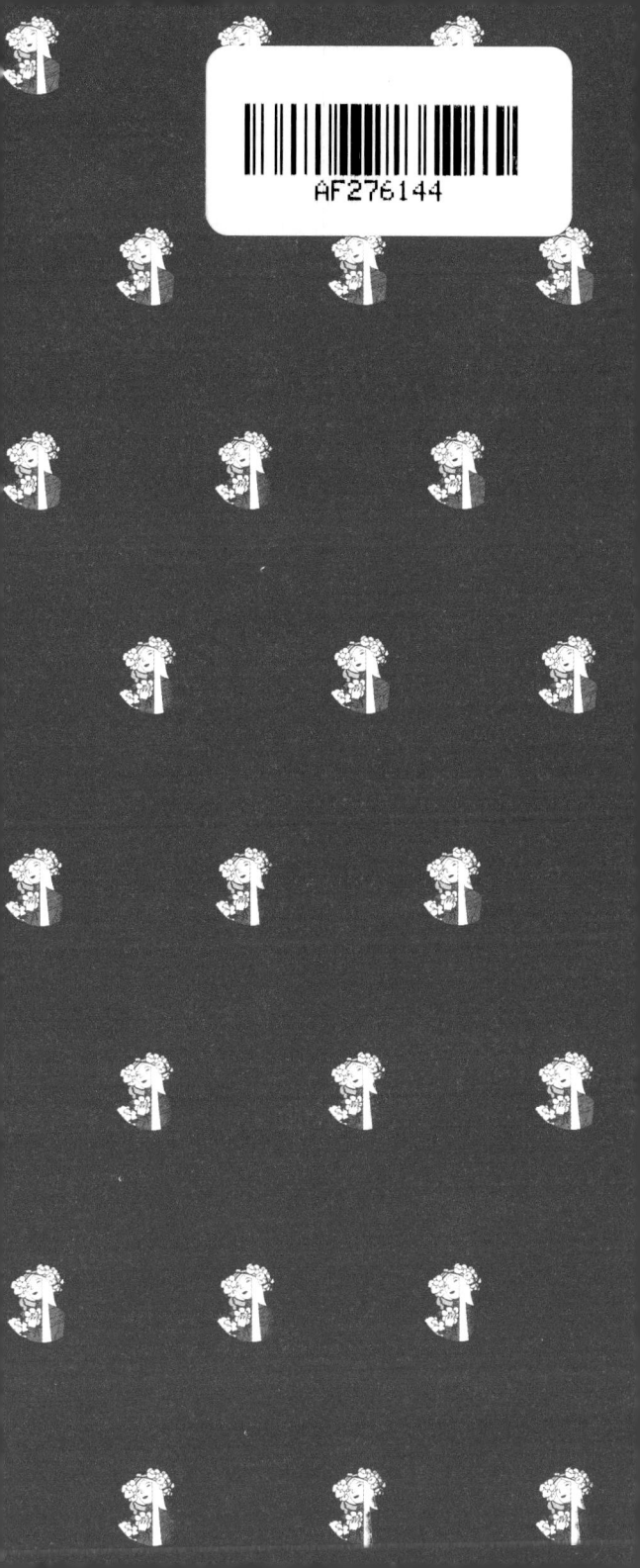

Un Paseo por el Madrid de Cervantes

Primera edición en REINO DE CORDELIA, septiembre de 2024
Primera edición, octubre de 2025

Edita: Reino de Cordelia
www.reinodecordelia.es
 @reinodecordelia.es facebook.com/reinodecordelia
 https://www.youtube.com/c/ReinodeCordelia01

Derechos exclusivos de esta edición en lengua española
© Reino de Cordelia, S.L.
C/Agustín de Betancourt, 25 - 6º pta, 13
28003 Madrid

El papel utilizado para la impresión de este libro, fabricado
a partir de madera procedente de bosques y plantaciones
sostenibles, es cien por cien libre de cloro y está calificado
como papel reciclable

© Alfonso Mateo-Sagasta, 2024
Cubierta e ilustraciones interiores: © José María Gallego, 2024
Infografías interiores: © Jaime Mateo-Sagasta, 2024
Mapa: © Emilio Amade, 2024

IBIC: WTHM I Thema: WTHW
ISBN: 978-84-19124-91-3
Depósito legal: M-17246-2024

Diseño y maquetación: Jesús Egido
Corrección de pruebas: María Robledano

Impresión: Técnica Digital Press
Impreso en la Unión Europea
Printed in E. U.
Encuadernacón: Felipe Méndez

Un Paseo por el Madrid de Cervantes

Alfonso Mateo-Sagasta
Ilustraciones de José María Gallego

Índice

Plano de Madrid de Pedro Teixeira (1656).

Prólogo

DESDE 1561 MADRID es la capital del inmenso imperio reunido por los Habsburgo en Occidente, salvando el lapso de cinco años (1601-1606) en que la Corte se trasladó a Valladolid. Dicho imperio era una monarquía compuesta por propiedades en Europa, América y Asia, y cuya razón de Estado no era otra que la defensa y promoción de la religión católica. Madrid olía a cera, y su línea del cielo era un bosque de cipreses asomando sobre tapias de ladrillo. Esa era la capital del imperio donde nunca se ponía el sol, una época bautizada como el Siglo de Oro, el momento en que la monarquía católica, como también se la conoce, alcanza la mayor acumulación de poder y la excelencia artística, el centro de Europa y del mundo. Madrid, la gran Babilonia de la que hablaba Lope de Vega.

Pero el paseo propuesto no es por el Madrid de los Habsburgo, ni siquiera por el Madrid del Siglo de Oro. Nos centraremos en un recorrido que reúne todos los puntos relacionados con la vida de Miguel de Cervantes, aunque al paso aprovecharemos para comentar algunos lugares que seguro que conoció o frecuentó durante los años que vivió en Madrid, o algunos detalles relacionados con sus contemporáneos o de referencia obligada, como por ejemplo la Torre de los Luján o la casa de Calderón en Platerías. Pero ya llegaremos a eso. Además, el paseo se puede cumplimentar con visitas previamente acordadas en tres puntos del camino: el Monasterio de la Encarnación, la Sociedad Cervantina —sita en el solar donde estuvo la antigua imprenta de Madrigal— o la Casa de Lope de Vega. Los tres tienen página web a través de la cual establecer las citas oportunas.

8

Para guiarnos durante el paseo contamos con un mapa actual desplegable al final del libro, donde está marcado el itinerario, y con detalles salpicados a lo largo del texto extraídos de *El Mantua Carpetanorum sive Matritum Urbs Regia* (Madrid Ciudad Regia), más conocido como el Plano de Teixeira (1656). Muchos de los edificios de dicho plano aún no existían en tiempos de Cervantes, como iremos desvelando, pero en cualquier caso es la mejor referencia del siglo XVII de que disponemos.

Pero sobre todo deben saber que este va a ser un paseo de sombras. Durante su hora y media o dos horas de duración, según el ritmo y las paradas, recorreremos una ciudad en negativo. Será más lo que van a tener que imaginar que lo que de verdad se conserva, de modo que cierren los ojos, respiren hondo, olvídense del tráfico y dejen que su mente se impregne del aroma de otro tiempo guiados por esta breve introducción.

Miguel de Cervantes se trasladó con su familia por primera vez a Madrid en 1566, siguiendo la estela que nobles, hidalgos, clero, letrados, soldados, artesa nos, comerciantes y pretendientes dejaban en todos los reinos de esa poderosa monarquía. En menos de veinte años la población de la villa pasó de 20.000 a cerca de 130.000 habitantes, y sus infraestructuras no estaban preparadas para semejante crecimiento.

Como el caserío resultaba insuficiente para alojar a la comitiva real y a los funcionarios de la Corte, se instituyó una regalía de aposento, lo que significaba que los propietarios de casas que tenían más de un piso estaban obligados a cederlo a los servidores de la Corona. Proliferaron entonces las que se llamaron «casas a la malicia», cuyos propietarios declaraban tener solo una planta para librarse del gravamen, aunque a menudo tuvieran sótano habitable y una segunda planta retranqueada en el patio y oculta a la vista, como un desván. La ciudad creció rápidamente, pero fea y sin ningún criterio urbanístico. Las casas solían ser de grandes muros lisos de ladrillo o con mampostería en las esquinas, pequeños balcones enrejados y huerta o jardín delante o detrás. Las ventanas eran pequeñas y el vidrio escaso, la mayoría se

cerraban con paños encerados o celo-
sías. Por otra parte, el empedrado era
raro y no había aceras. En invierno las
calles estaban permanentemente enlo-
dadas, los coches tenían que circular
cerrados y se hundían en el barro, y en
verano tampoco podían circular abiertos aunque sus ocupantes se asfixiaran,
porque en las calles flotaba una constante nube de polvo en suspensión que
parecía niebla.

Tampoco había letrinas ni alcanta-
rillado. No resultaba raro ver volar a
cualquier hora del día y desde cualquier ventana un paquete de papel car-
gado con heces, aunque la hora fijada
para vaciar los «servicios» de las casas
eran las 11 de la noche al grito de:
«¡Agua va!».

Cualquier portal o rincón de la
calle servía de retrete y basurero, y
poco o nada podía hacer la autoridad para modificar esos hábi-
tos. Cuentan que el cura de la
iglesia en cuyos muros solía
aliviarse Quevedo camino de
su casa puso una cruz con un
mensaje que contenía una
velada amenaza: «Donde se

ponen cruces no se mea», a lo que el poeta, considerando que su uso era anterior y por tanto prevalecía su derecho, respondió cambiándolo por otro que rezaba: «Donde se mea, no se ponen cruces».

Pero a pesar de la suciedad y los malos olores, los vecinos no se quejaban. Aunque desde finales del siglo XVI había un servicio de limpieza, con carros preparados para regar y recoger basura (animales muertos, estiércol, aguas corrompidas, heces), lo normal consistía en que se dejase pudrir en la calle, amontonada, hasta que el sol, la lluvia, el viento y los abundantes animales domésticos, sobre todo cerdos, daban cuenta de ella. La opinión generalizada, y sancionada por los médicos, era que las emanaciones fétidas de la basura templaban y quitaban la cortante delgadez del aire del Guadarrama que, de tan puro, podía llegar a cortar los pulmones. Como consecuencia, las epidemias e infecciones del verano no se achacaban a falta de higiene, sino de basura, y la solución para acabar con sus estragos consistía en acumular desechos para densificar el aire.

Con esa villa en mente, iniciamos nuestro paseo.

Empezaremos a los pies de la estatua de Felipe IV, es decir, en mitad de la actual plaza de Oriente, aunque, por supuesto, nada impide hacerlo a la inversa.

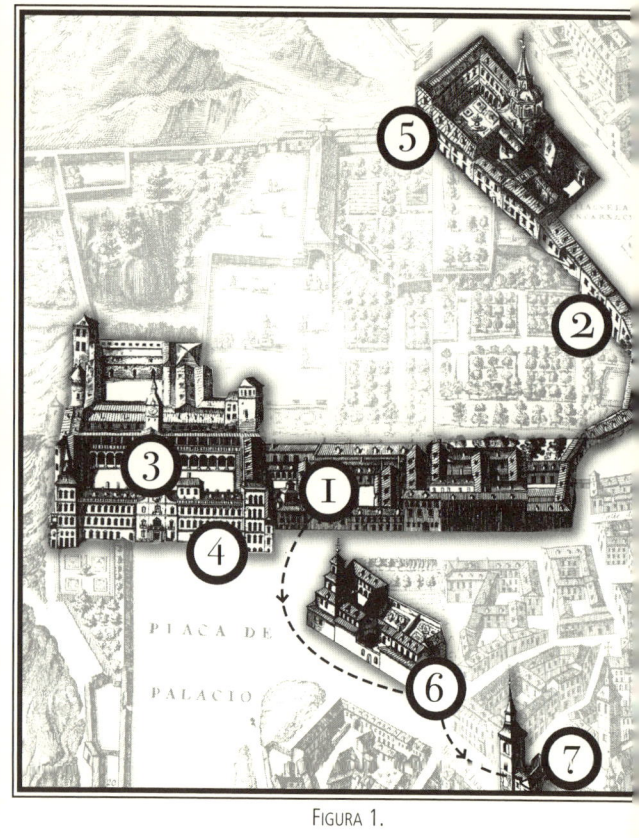

FIGURA 1.

El paseo

Nos situamos en el centro de la plaza de Oriente, junto a la estatua de Felipe IV y mirando hacia el sur, es decir, con la fachada oriental del Palacio Real a nuestra derecha (FIGURA 1).

Estamos en el centro de lo que en tiempo de Miguel de Cervantes era la CASA DEL TESORO (1), una serie de edificios de tres alturas en torno a varios patios que Felipe II adquirió y unificó, creando una especie de ala unida al Alcázar, por un lado, y al Monasterio de la Encarnación por el otro, a través de un PASADIZO (2)[1]. Se llamó la Casa del Tesoro porque allí se instaló el Contador

---

[1] Se trataba de una galería sobre pilares, adornada con fabulosas pinturas.

Mayor del Rey y luego el Tribunal del Tesoro. Había en ella despachos y servía, además, de residencia a servidores de la real casa e invitados de la Corona de paso por la Corte.

Del antiguo ALCÁZAR (3) de Madrid no queda nada. La fortaleza árabe original, modificada tras la conquista cristiana y actualizada por Felipe II y Felipe III, que conoció Cervantes, quedó arrasada por el fuego en la Navidad de 1734. El edificio que hoy se ve fue levantado por orden de Felipe V, el primer rey Borbón, en 1737.

El palacio actual solo tiene un patio interior, aunque el Alcázar tenía dos, llamados del Rey y de la Reina, abiertos al público. El suelo estaba cubierto de losas de piedra, así como el frente de la fachada principal de palacio —uno de los pocos lugares empedrados de Madrid—, y a ello se referían cuando se hablaba de LOSAS DE PALACIO (4), lugar de paso hacia los despachos de los Consejos y uno de los más selectos mentideros[2] de la Corte, donde se cruzaba a

---

[2] Mentidero: lugar donde se junta la gente ociosa para conversar. Además de Losas de Palacio, eran famosos mentideros en Madrid las gradas

diario una abigarrada muchedumbre de arbitristas, covachuelistas, aspirantes, pretendientes y curiosos. Es posible que Cervantes los recorriera más de una vez en busca de apoyos para lograr que prosperaran sus demandas de empleo y mercedes.

En el patio de la Reina solían instalarse tenderetes de refrescos o comida, y cajones de memorialistas, escribanos e incluso libreros. Uno de los que tenía un cajón en Losas de Palacio era Juan de Villarroel —además de otro local en Platerías—, el librero que pagó a Miguel de Cervantes la edición de las *Ocho comedias y ocho entremeses nuevos nunca representados* (1615) y *Los trabajos de Persiles y Sigismunda (1617)*.

A nuestra espalda queda el REAL MONASTERIO DE LA ENCARNACIÓN (5), de monjas agustinas recoletas. La reina Margarita de Habsburgo inició la construcción de este monasterio en el año 1611 —con proyecto de Juan Gómez de Mora—, poco antes de su muerte, y lo terminó su esposo, Felipe III, en 1616; de modo que resulta posible que Cervantes

de San Felipe y el de los artistas, en la calle León.

lo viera acabado. De estilo herreriano, desde su concepción contaba con claustro, iglesia y huerta. Posee, además, una magnífica colección pictórica y merece la pena visitarse.

En el jardincillo de delante se ubica una estatua de Lope de Vega (obra de Mateo Inurria, 1902), a quien Cervantes alabó como «poeta insigne, a cuyo verso o prosa ninguno le aventaja, ni aún le llega». No obstante, criticó abiertamente su nuevo modo de hacer comedias en la primera parte del *Quijote*, y Lope se lo pagó censurando su obra: «De poetas, no digo: buen siglo es este: Muchos están (en) cierne para el año que viene, pero ninguno hay tan malo como Cervantes, ni tan necio que alabe a don Quijote»[3]. Es esta una rivalidad que ha dado y seguirá dando mucho que hablar.

Iniciamos la marcha en dirección sudeste, atravesamos parte de la plaza de Oriente que antes ocupaba el CONVENTO DE SAN GIL (6) — de la orden de san Francisco, y fundado también por Felipe III—, para subir por una ligera

---

[3] Carta «A un amigo de Valladolid. Toledo, 14 de agosto de 1604».

rampa hasta la actual plaza de Ramales, donde aún se puede ver en el suelo la silueta de la antigua IGLESIA DE SAN JUAN (7)[4]. Todos estos edificios fueron derribados durante el gobierno de José Bonaparte en 1811, dentro de los planes de avenida para el Palacio Real.

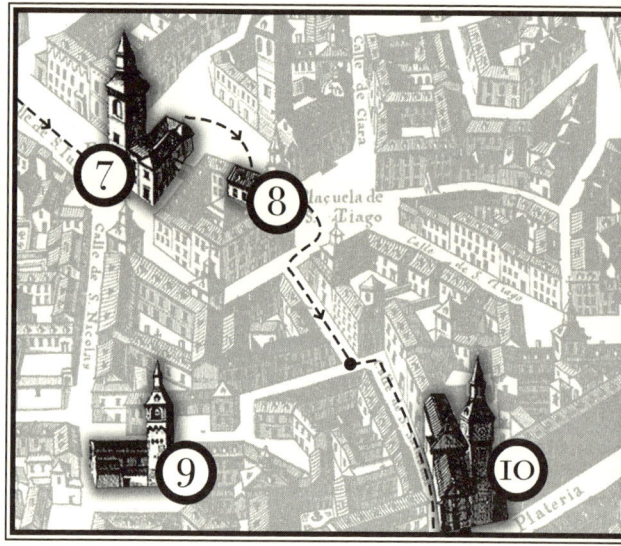

FIGURA 2.

---

[4] En la bóveda de esta iglesia del siglo XIII fue enterrado DIEGO VELÁZQUEZ DE SILVA (1599-1660). No consta que hubiera ninguna remoción de restos al derruir la iglesia, de modo que esta sigue siendo la tumba del genial pintor.

En la plaza de Ramales desemboca la calle de Santiago (FIGURA 2), muy importante en nuestro paseo porque a principios del siglo XVII era una calle de libreros. Nos interesa especialmente porque allí tenía CASA FRANCISCO DE ROBLES (8) —no sabemos el número exacto—, librero del rey. La familia Robles mantuvo una relación con Cervantes de varias generaciones. Blas, el padre, financió la publicación de *La Galatea* (1585), y Francisco, su hijo, editó *El ingenioso hidalgo don Quijote de la Mancha* (1605), las *Novelas ejemplares* (1613) y *El ingenioso caballero don Quijote de la Mancha* (1615). También tenía Robles librería en la Puerta de Guadalajara, ya llegaremos a ella, pero la casa de dos plantas de la calle Santiago resultaba especial porque allí Robles mantenía además «casa de juego de naipes», un garito ilegal que le obligaron a cerrar en 1617, pero que seguro que Cervantes conoció. En ese negocio los beneficios llegaban por la venta de barajas y velas y por las propinas de los jugadores, lo que se llamaba «el barato».

A pocos pasos se abre la plaza de Santiago, y desde ella seguiremos por la de los Señores de Luzón, que arranca un poco más a la derecha y que entonces se llamaba de san Salvador. A mitad de camino cruza con la Travesía de los Señores de Luzón, y si miramos en su dirección veremos asomar entre los tejados de las casas la torre de la IGLESIA DE SAN NICOLÁS (9), una de las pocas que aún sobreviven de las que estaban en uso en tiempos de Cervantes[5].

Seguimos adelante para llegar a la calle Mayor. En el solar que hace esquina en el lado izquierdo, que actualmente ocupa un edificio de viviendas, se alzaba la IGLESIA DE SAN SALVADOR (10), un edificio emblemático en época de Cervantes porque en su sala capitular, situada sobre el pórtico, se reunía originalmente el Concejo de la Villa, antes de que existiera la casa consistorial o el Ayuntamiento. San Salvador era una parroquia muy popular que aparece en numerosas obras literarias de la

---

[5] Madrid es la única capital europea de fundación islámica, y la torre de San Nicolás era el alminar de la antigua mezquita que ocupaba el solar donde se erigió esta iglesia en el siglo XII y que luego fue transformada en el XVII. En ella fue bautizado Alonso de Ercilla, autor de *La Araucana* (1569), y en su bóveda estuvo enterrado Juan de Herrera, arquitecto de El Escorial.

época, como en *El diablo cojuelo*, de Luis Vélez de Guevara, quien habla de su torre como «la más alta atalaya de la villa». Sentado en su cubierta, el diablo cojuelo muestra Madrid a vista de pájaro a don Cleofás y le enseña las debilidades de sus habitantes. Además, allí reposaron los restos de Pedro Calderón de la Barca (1600-1681) hasta que fueron trasladados al cementerio de san Nicolás, extramuros de la puerta de Atocha. La iglesia fue derribada en 1842.

Frente a nosotros se extiende la PLAZA DE LA VILLA (FIGURA 3), aunque en tiempos de Cervantes su aspecto era algo diferente.

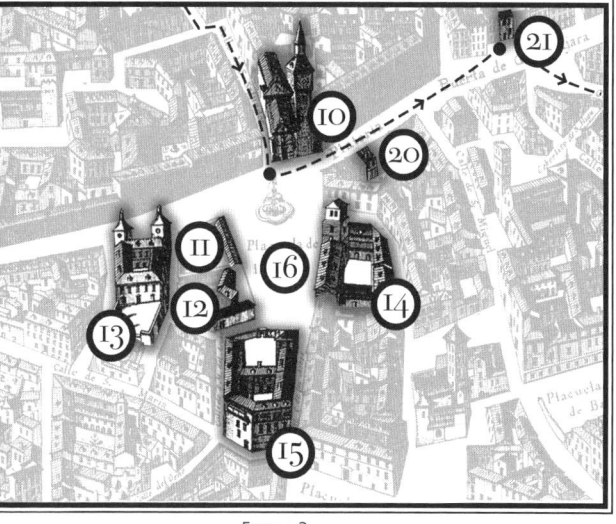

FIGURA 3.

Ante todo, la CASA DE LA VILLA —el edificio a la derecha de la plaza— no existía, empezó a construirse en 1645. En su lugar, una serie de edificios albergaban despachos de ESCRIBANOS (11) —tal y como cuenta Salas Barbadillo en su entremés *Aventuras de la Corte* (1622)— y al lado la CÁRCEL DE LA VILLA (12). Sí existía el PALACIO DEL MARQUÉS DE CAÑETE (13), que se halla a su espalda y que su fachada da a la calle Mayor. Este palacio fue levantado en el siglo XVI aunque sufrió una profunda reforma en el XIX.

El resto de la plaza sigue parecido a lo que pudo ver Cervantes cuando pasara por aquí. A la izquierda está la TORRE y CASA DE LOS LUJÁN (14), levantados ambos edificios en el siglo XV. En la torre estuvo prisionero Francisco I de Francia tras la batalla de Pavía, antes de trasladarse al Alcázar. Y al fondo y cerrando la plaza se encuentra la CASA DE CISNEROS (15), construida a principios del siglo XVI por un sobrino del cardenal fray Francisco Jiménez de Cisneros, arzobispo de Toledo y regente del reino de Castilla. Su fachada principal da a la calle Sacramento, donde se puede ver su largo balcón corrido, aunque el edificio actual sufrió una profunda modificación en el año 1910. En él estuvo preso y sufrió tortura Antonio Pérez, secretario de Felipe II, hasta que en 1590 escapó camino de Aragón por la puerta que se ve.

En el centro de la plaza se levanta un monumento, obra de Mariano Benlliure (1891), que guarda estrecha relación con Cervantes. Se trata de una ESTATUA DE DON ÁLVARO DE BAZÁN (16), marqués de Santa Cruz, que combatió en Lepanto al mando de la escuadra de Nápoles y a quien don Miguel aludió en la historia del cautivo como «rayo de la guerra», «padre de los soldados» y «venturoso y jamás vencido»[6]. También fue don Álvaro el almirante vencedor de la flota francesa en la batalla de la isla Tercera, en las Azores, donde combatió Rodrigo de Cervantes, su hermano.

De vuelta a la calle Mayor, a la esquina de la iglesia del Salvador, si es que nos hemos apartado de ella para pasear un poco por la plaza de la Villa, y antes de seguir nuestro camino hacia

---

[6] *Quijote*, Parte I, capítulo XXXIX.

el Este, echamos un vistazo en dirección contraria (FIGURA 4).

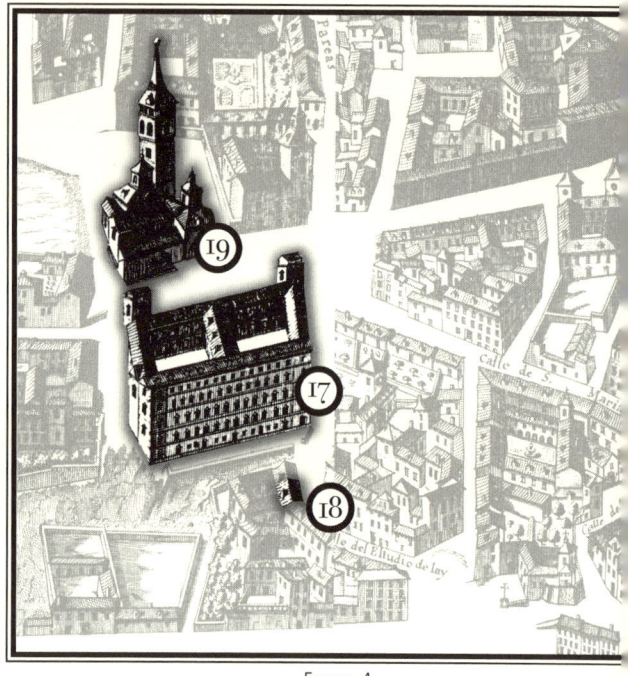

FIGURA 4.

Hacia el final de la calle, en la misma acera del Palacio del marqués de Cañete, se alza el PALACIO DEL DUQUE DE UCEDA (17), construido por el arquitecto Juan Gómez de Mora entre los años 1613 y 1618, de modo que Cervantes llegó a ver las obras. El duque de

Uceda era Cristóbal Gómez de Sandoval, hijo del duque de Lerma, y sucedió a su padre en el puesto de primer ministro y mayordomo real de Felipe III. Detrás del palacio se encuentra la calle de la Villa, que en tiempos se llamó calle del Estudio de la Villa, porque allí estaba el ESTUDIO DE LA VILLA DE MADRID (18), que dirigía el maestro López de Hoyos con cargo de catedrático de gramática. La tradición supone que Cervantes estudió allí porque en la *Historia y relación verdadera*, donde se narran los actos preparados en Madrid con motivo de las exequias de la reina Isabel de Valois en 1568, López de Hoyos lo presenta como «nuestro caro y amado discípulo». No dudamos que lo fuera —a nivel particular—, aunque es dudoso que atendiera a clases en el estudio porque, con veintiún años cumplidos, Cervantes era más hombre que niño. También es posible que le hubiera dado clases durante su primera estancia en Madrid en torno a 1566, pero en cualquier caso no habría sido en el estudio porque López de Hoyos entró a dirigirlo en 1568. Aun así, sobre el edificio que ocupa el solar del antiguo estudio hay una placa que lo conmemora, por si alguien tiene curiosidad.

Otro detalle, aunque de esto apenas quedan los cimientos: Frente al palacio de Uceda se alzaba la primitiva iglesia de SANTA MARÍA (19), hoy en día trasladada y engullida por la catedral de la Almudena. En ella se guardaba la mítica imagen de la patrona de Madrid, supuestamente encontrada en un hueco de la antigua muralla árabe. En aquella época, de ella partían la mayoría de las procesiones, y en especial la del Corpus.

Encaramos ahora la CALLE MAYOR, lugar de paso de todas las comitivas cortesanas y eje de la vida social. Imagínenla con tramos de soportales a ambos lados, y con todos los bajos de las casas dedicados al comercio. Por allí circularon embajadores, príncipes, procesiones y, a diario, un incesante vaivén de carruajes que se movían como en un tiovivo desde el Alcázar al Prado de san Jerónimo[7]. En ocasiones especiales la calle se engalanaba con arcos de triunfo, colgaduras y altares,

---

[7] A esto se llamaba «hacer la rúa». Muchos nobles acostumbraban a comprar sin bajar del carruaje, lo que generaba un atasco permanente.

pero el paisaje habitual eran los toldos de las tiendas extendidos hasta media calle para acoger a los paseantes.

El primer tramo por el que nos adentramos se llamaba PLATERÍAS, e iba desde la plaza de la Villa hasta Milaneses. En apenas este par de manzanas se agrupaba el comercio más lujoso de Madrid: joyeros, plateros, lenceros, sederos… Y a su sombra, prestamistas y usureros.

Como curiosidad, en la acera de la derecha, en el actual número 61 de la calle Mayor, se conserva la casa donde vivió y murió PEDRO CALDERÓN DE LA BARCA (20), poeta insigne, autor de maravillosas comedias, como *La vida es sueño*, *El alcalde de Zalamea* o *El príncipe constante*. En tiempos de Calderón no constaba de cinco plantas, sino de dos —más el bajo—, pero al propietario se le concedió la gracia de levantar dos nuevos pisos si no derribaba el edificio y conservaba los originales. De modo que podemos hacernos una idea de cómo sería la calle si nos fijamos solo en el bajo comercial y las dos primeras plantas. El poeta vivió en la primera, y lo recuerda una placa en

Reconstrucción d
la calle de Platerías
que acogía el comerci
de lujo madrileñc

la fachada. Se trataba de un inmueble muy modesto, con un pequeño balcón en cada piso y una escalera estrecha con altos peldaños. Calderón murió en 1681, y sus restos descansaron en primera instancia en la iglesia de san Salvador, de la que hemos hablado antes. A la muerte de Cervantes, Calderón tenía apenas dieciséis años y aún era estudiante en Salamanca.

El siguiente tramo se llamaba PUERTA DE GUADALAJARA (FIGURA 5), lo que hoy en día es el entorno de la plaza de san Miguel. Allí tenía librería Robles —el librero a cuyo cargo se publicó el *Quijote*—, y allí nació LOPE DE VEGA (21) en 1562, el Fénix de los Ingenios, en la casa que ocupaba el solar de la actual número 46[8], aunque él, poéticamente, decía haber nacido: «Pared por medio del sitio en que Carlos I puso a la Francia a sus pies»[9]. Esta zona era de las más abigarradas de Madrid, uno de los cuatro puntos de la ciudad donde se leían los pregones y se colgaban los bandos públicos.

---

[8] Una placa en la fachada lo recuerda.
[9] Al otro lado de la calle, en el edificio colindante a la Torre de Luján.

La tal Puerta de Guadalajara, que cerraba originalmente la muralla, fue derruida en el año 1582, aunque el espacio conservó el nombre y formaba una especie de plazoleta entre Platerías y el acceso a la plaza del Arrabal. Como curiosidad, si alzan la vista en el primer edificio de la calle Milaneses verán un ángel estrellado contra su terraza. No deja de ser llamativo que la capital de la monarquía católica tenga hoy en día dos monumentos al demonio[10].

Desde este punto hasta la Puerta del Sol, transcurría la CALLE MAYOR, propiamente dicha, y en sus soportales, al estilo de los que aún se pueden ver en la calle de Ciudad Rodrigo —por la que se accede a la plaza Mayor—, y en las diminutas calles adyacentes, se sucedían tiendas y pequeños tabucos de cedaceros, boneteros, calceteros, juberos, cofreros, doradores, cuchilleros bordadores y todo tipo de artesanos.

A la izquierda se llega a ver la PLAZA DE HERRADORES (22), donde a principios del siglo XVII se reunían las sillas de mano de alquiler. Podemos

---

[10] El otro, más conocido, es el monumento al Ángel Caído, en el parque de El Retiro.

imaginarla como una parada de taxis de la época, con los mozos y lacayos apoyados en los muros con los anchos correajes al hombro. El precio era fijo: real y medio por viaje de ida y vuelta dentro del recinto de la villa.

Accederemos ahora a la plaza Mayor por la calle de Ciudad Rodrigo —calle Nueva en el mapa de Teixeira—, una plaza que Cervantes nunca llegó a ver porque se edificó con su trazado actual en 1619, tres años después de su muerte.

Por aquel entonces este espacio era conocido como PLAZA DEL ARRABAL (23), así llamada porque se hallaba extramuros, al otro lado de la Puerta de Guadalajara, una plaza irregular, con casas bajas y de mala calidad. El único edificio en pie que llegó a ver Cervantes es

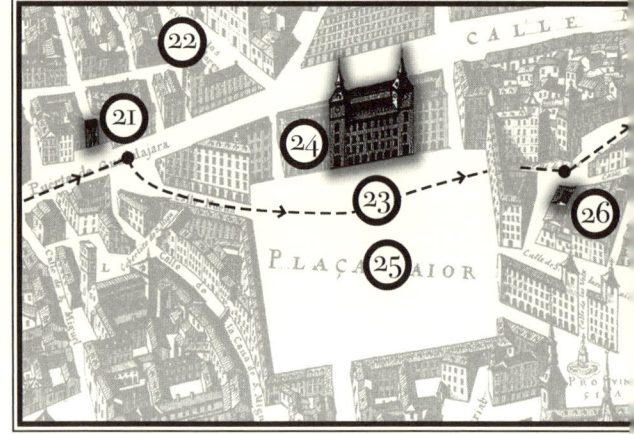

FIGURA 5.

el de la CASA DE LA PANADERÍA (24),
construida por Diego Sillero en 1590,
que luego sirvió de modelo para comple-
tar el perímetro de la plaza entre 1617 y
1619.

En realidad, la Casa de la Panadería tampoco es como la conoció Cervantes. Originalmente, el bajo era diáfano,
de modo que la plaza se comunicaba
con la calle Mayor, y en parte se dedi-
caba a almacén y venta del pan, de ahí
su nombre. La primera planta quedaba
reservada a los reyes, cuando acudían
a presenciar algún festejo. En el centro
de la plaza solía instalarse un mercado

dedicado sobre todo a alimentación: frutas, verduras, carne y pescado.

En 1608, Felipe III ordenó a Francisco de Mora que planteara un proyecto e iniciara las obras de derribo necesarias, pero no fue hasta 1617 cuando su sobrino, Juan Gómez de Mora, acometió de verdad la tarea de «cuadrar la plaza», lo que le llevó casi dos años.

La ESTATUA DE FELIPE III (25) —obra de Juan de Bolonia y Pietro Tacca, regalo de Cosme de Médici—, que hoy ocupa el centro de la plaza, no estaba allí tampoco, claro, y resulta poco probable que Cervantes la viera nunca, porque, aunque llegó a Madrid en 1616, se instaló en el jardín del Alcázar, y en 1617 se trasladó al Palacio de los Vargas, en la Casa de Campo.

Seguimos andando paralelos a la Casa de la Panadería para salir por el acceso contrario a donde hemos entrado, el de la calle de la Sal, donde nos damos de bruces con el MESÓN DEL PEINE (26), hoy Posada del Peine (Petit Palace), fundado en 1610. El mundo de la restauración estaba muy reglamentado: para comer estaban los figones, en las tabernas solo había bebida y para hacer

ambas cosas había que acudir a los bo-
degones. El término mesón también ha
variado desde tiempos de Cervantes.
Antiguamente los mesones no ofrecían
comida, solo proporcionaban una habitación a los viajeros, y resultaba fre-
cuente que en los más baratos se
compartiera cama. La expresión «media
con limpio» viene de la condición de
que el compañero de cama no ha de
tener piojos, sarna, tiña ni otra enferme-
dad contagiosa. El mesón más conocido
de esta ínfima categoría estaba en la
calle de los Negros (hoy Tetuán, al lado
de la Puerta del Sol).

Bajamos ahora por la calle de Pos-
tas hasta la confluencia con la calle
Mayor, justo en el arranque de la actual
PUERTA DEL SOL[II] (FIGURA 6).

Voy a pedirles que den un paso
atrás hacia la calle Mayor, se paren y
hagan un pequeño esfuerzo de imaginación. Fíjense en el edificio que tienen
a su derecha, el que luce un escudo de
piedra en la esquina y se adentra en la

[II] Hay muchas versiones sobre el origen del nombre:
que si era por donde salía el sol, que si había un
sol labrado en la puerta original de la ampliación
de la muralla... Quédese cada cual con la que más
le guste.

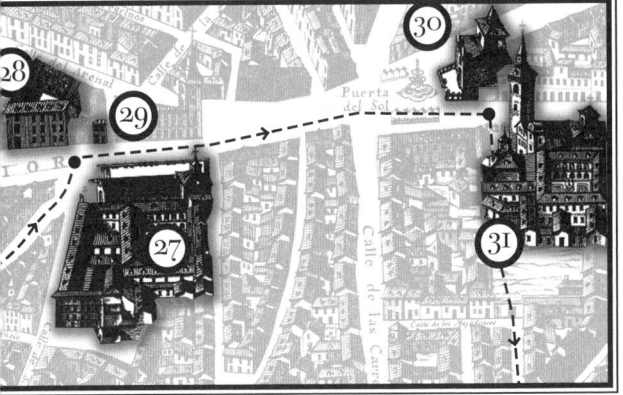

FIGURA 6.

plaza. Pues bien, el solar de ese edificio es el que ocupaba el convento de san Felipe el Real (1547), de frailes agustinos calzados, y allí se encontraban las famosas GRADAS DE SAN FELIPE (27), el mentidero más popular del Madrid de Cervantes. Para que se hagan una idea de lo que eran las gradas, borren con su imaginación las tres plantas del edificio que se levantan sobre el zócalo de piedra, de modo que el escudo ocupe el espacio que en el dibujo de las gradas (*) tiene el machón que está entre los tertulianos[12]. Retranqueados en el interior

---

[12] El escudo no tiene nada que ver con las gradas ni con la época cervantina, es el escudo de Santiago Alonso Cordero, promotor del actual edificio en 1842.

de esa plataforma se alzaba la iglesia y el convento de san Felipe, dejando un amplio espacio desde el que se veía toda la calle Mayor y la bifurcación de Alcalá y San Jerónimo[13]. Porque a principios del siglo XVII, y esto es impor-

(*) Gradas de san Felipe.

---

[13] Por entonces conocida como calle del Prado.

tante para comprender el espacio, la Puerta del Sol no era una plaza al uso, sino un ensanchamiento de la calle Mayor que se abría en forma casi triangular, no con el aspecto semiovalado que hoy presenta.

La parte inferior de las gradas estaba ocupada por una treintena de covachuelas que vendían juguetes y baratijas, como puntas, abanicos, guantes, medias, bolsos, tocados y afeites de todo tipo. Y la superior, a la que se accedía por una escalinata desde la calle de Esparteros, formaba una azotea que hacía las veces de paseo en altura con barandilla, donde se reunían los ociosos de la Corte y, en tiempos de Cervantes, muy en particular, los soldados. La Paz de Vervins (1598), el Tratado de Londres (1604) y la tregua con las Provincias Unidas en 1609 habían llenado la ciudad de soldados ociosos; hombres con jubones de gamuza, medias de color, sombreros cargados de plumas, bigotes recios y mirar torvo, que recorrían las calles como si fuera un campo de batalla. Por la tarde, a la hora del paseo, no había mejor mirador para contemplar los carruajes que hacían la rúa, ni mejor sitio para que circularan las noticias, menudearan las tertulias y crecieran los bulos.

Un par de cosas más antes de seguir nuestro camino: En el solar del edificio que se halla justo a nuestra izquierda se levantaba entonces el PALACIO DE LOS CONDES DE OÑATE (28), que ocupaba don Juan de Tassis y Peralta, conde de Villamediana, protagonista de uno de los sucesos más controvertidos de la época[14] y, para Cervantes, «el más famoso (poeta) de cuantos entre griegos y latinos alcanzaron el lauro venturoso».

La otra es que en la esquina de la calle, que ahora da a la Puerta del Sol, pero que en tiempos de Cervantes daba al estrecho callejón de la Duda[15],

---

[14] Villamediana era el Correo Mayor del Reino, poeta y caballero, amigo y admirador de Góngora, seductor, indiscreto y satírico, homosexual, libertino y dicen que amante de la reina Isabel de Borbón. Puede que hubiera una trama política que se nos escapa, pero el hecho es que Villamediana fue asesinado a plena luz del día en la puerta de su casa en 1622, al parecer por orden de Olivares y con permiso real.

[15] La calle tenía un edificio más, la casa del licenciado Melchor Molina, conocida como la Torrecilla de la Puerta del Sol.

Juan de Tassis y Peralta, conde de Villamediana.

estaba la MANCEBÍA DE LAS SOLERAS (29), famoso burdel que hasta el mismo Quevedo cita en sus romances. Se llamaba de las Soleras por estar en la Puerta del Sol. Sus pupilas debían cumplir la normativa que regía para tales establecimientos: ser mayores de doce años, haber perdido la virginidad, ser huérfanas, de padres desconocidos o que no residieran en la villa y tener el visto bueno de un médico. Como se ve, las mancebías estaban toleradas, y aun amparadas por la autoridad, y se atenían a una rigurosa reglamentación. Otros famosos lupanares de la época se encontraban en la calle de los Señores de Luzón, por la que ya hemos bajado, y en la calle Francos, actual calle de Cervantes, próxima a la casa de Lope de Vega.

Vistas del Buen Suceso y la Victoria en la Puerta del Sol.

Como he señalado antes, la Puerta del Sol no se trataba de una plaza propiamente dicha, sino de un ensanchamiento irregular de la calle Mayor con casas chatas de dos alturas, portales lóbregos y escaleras tortuosas. En el vértice de la bifurcación entre Alcalá y la carrera de San Jerónimo, se alzaba la Iglesia del Buen Suceso (30)[16].

Ahora sí, caminamos por la acera del antiguo edificio de Correos, que entonces no existía, en dirección a esa iglesia del Buen Suceso, imaginando el atrio y la fuente que tenía delante. La fuente estaba coronada por una figura femenina a la que los aguadores bautizaron con el nombre de Mariblanca, y era donde acudían las mozas en busca de acomodo para servir. Era costumbre los viernes sacar un púlpito portátil desde el que el cura predicaba ante tan variopinto paisanaje.

A la derecha del Buen Suceso, en la dirección en que paseamos, entrando ya en la carrera de san Jerónimo y ocupando la calle de Espoz y Mina, que entonces no existía, se alzaba la

---

[16] Delante del edificio que se ve hoy en día ocupando similar función.

Iglesia de la Victoria (31), muy popular entre damas y galanes porque las misas eran breves y los frailes tenían manga ancha con los pecados de la carne. Entre el Bueno Suceso y la Victoria solían instalarse unos cajones donde se vendía fruta y verdura, lo que hacía aún más alegre y bullicioso el entorno.

Seguimos nuestro camino ahora por la calle de Espoz y Mina (figura 7) —que ya he mencionado que entonces no existía—, camino del Barrio de las Letras. Nuestra primera parada es en el cruce de esta calle con la de la Cruz. Justo enfrente, en el solar que ahora ocupa un edificio de viviendas en la confluencia entre Cruz, Espoz y Mina y Álvarez Gato, se alzaba el Corral de Comedias de la Cruz (32)[17]. El corral fue construido por las cofradías de la Pasión y la Soledad en 1579, para recaudar fondos para sus hospitales, y en él actuaron las compañías de Juan Granados, Salcedo, Rivas, Gálvez y otras mu-

---

[17] Una placa en la fachada lo recuerda, curiosamente en la misma casa donde se dice que estuvo la fonda de la Cruz, donde se alojó Giacomo Casanova en 1767.

chas que pusieron en pie las obras de tantos poetas del Siglo de Oro. Sobre sus tablas triunfaron también actrices, como Jerónima de Burgos o Josefa Vaca, ya que, al contrario que en el inglés, en el teatro español las mujeres podían actuar siempre que estuvieran legalmente casadas y su marido trabajara en la misma compañía.

Continuamos andando por la calle de Álvarez Gato, el famoso callejón del

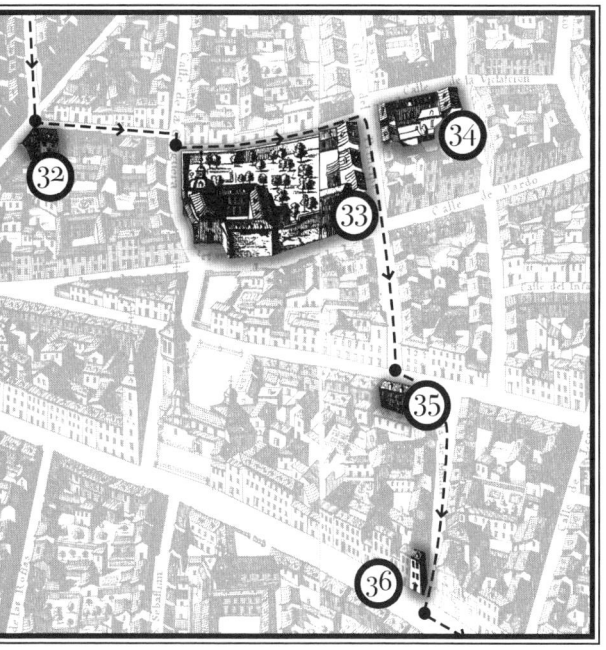

Figura 7.

Gato que varios siglos después inmortalizó Ramón del Valle-Inclán en *Luces de bohemia*, para salir a la actual calle de Núñez de Arce, a escasos metros de la plaza de Santa Ana[18]. En esta plaza se levantaba en tiempos de Cervantes el CONVENTO DE SANTA ANA (33), de carmelitas descalzas, fundado por las seguidoras de Santa Teresa de Jesús auxiliadas por san Juan de la Cruz (1586) y derribado por orden de José Bonaparte (1810).

Caminamos pegados a la izquierda de la plaza, imaginando a nuestra derecha la larga tapia del convento hasta la calle del Príncipe. En el solar que hoy ocupa el Teatro Español, a principios del siglo XVII estaba el CORRAL DE COMEDIAS DEL PRÍNCIPE (34), el otro gran teatro de la época[19], levantado en

---

[18] Mirando en dirección a Atocha desde esta esquina se ve la cúpula de la iglesia de san Sebastián, donde está enterrado Lope de Vega. Se supone que sus restos fueron a parar a un osario común cuando el duque de Sessa dejó de pagar los cuatrocientos reales que cobraba la iglesia por mantener su tumba en una de las capillas. El antiguo cementerio de la iglesia lo ocupa ahora una floristería.

[19] A principios del siglo XVII en Madrid había cuatro teatros: Corral del Sol, el de la Pacheca —que luego se llamó del Príncipe—, el del Puente y el de la Cruz. Solo perduraron el de la Cruz y el Príncipe.

1582 por las mismas cofradías que el de la Cruz para celebrar comedias los días feriados, pero poco a poco las funciones se ampliaron a jueves y domingos. En el caso del Teatro Español la dedicación del solar a espacio escénico ha sido continua, aunque poco tiene que ver ya su distribución. Nada queda de las ocho puertas originales; del viejo escenario ni de su contraparte, la cazuela de las mujeres y la «tertulia» de los clérigos; de los toldos que cubrían el patio empedrado; de los bancos delanteros ni de la viga que separaba estos de la zona donde se agolpaban de pie los mosqueteros. Tampoco quedan restos de las casas adyacentes a cuyos costados se abrían las ventanas de los aposentos que hacían la función de palcos, con o sin rejas.

Nos encontramos ya en el corazón del BARRIO DE LAS LETRAS, un barrio popular, donde se agruparon en tiempos de Miguel de Cervantes muchos comediantes y representantes, así como poetas, pintores, escultores y arquitectos. En esta zona, considerada de ocio, abundaban especialmente mesones, tabernas, posadas y mancebías.

Desde la puerta del Teatro Español, continuamos para cruzar la calle del Prado hasta la de Huertas y darnos de bruces con un edificio (Huertas, 18) de viviendas que ocupa el solar de la CASA EN LA QUE DIJO VIVIR CERVANTES (35) cuando recibió una carta de Apolo[20]. Así lo recuerda una placa en su fachada, aunque no está claro si de verdad fue su domicilio o si se trata de una referencia meramente literaria, porque no existe ninguna otra prueba que lo avale.

Descendemos una manzana por la calle Huertas y nos metemos por la PLAZA DE MATUTE (36) hasta la calle de Atocha. En el piso bajo y principal del edificio que se levantaba en esta esquina, con ventanas a Atocha, parece que Cervantes vivió una temporada entre 1610 y 1611, al igual que en otra casa indeterminada del último tramo de la calle del León. No hay garantía

---

[20] «A Miguel de Cervantes Saavedra, en la calle de las Huertas frontero a las casas donde solía vivir el príncipe de Marruecos, en Madrid» (*Adjunta al Parnaso*, 1614). Muley Xequé, sultán de Marruecos entre 1603 y 1608, vivía en la calle Príncipe con vuelta a Huertas. Hay quien dice que a él se debe el nombre de la calle, aunque otros sostienen que el príncipe en cuestión era Felipe II.

del lugar, ni nada que lo recuerde. Girando a la izquierda en Atocha llegamos a la PLAZA DE ANTÓN MARTÍN, donde se encontraba el hospital de San Juan de Dios (1552), dedicado a enfermos del mal venéreo. Resulta fácil imaginar tantas noches febriles en este lugar, como aquella en la que el alférez Campuzano dijo oír un coloquio entre dos perros en el hospital de la Resurrección de Valladolid[21].

Sabemos que Cervantes vivió en una casa de este entorno porque en 1608, al firmar como testigo de una información de Gaspar de Gaete, el escribano dejó constancia de que era «vecino de esta villa, que posa al hospital de Antón Martín, casas de Juan de Borbón». En esa casa es donde probablemente murió su hermana Andrea, con quien compartían domicilio, así como con su otra hermana Magdalena, su sobrina Constanza (hija de Andrea), su mujer, Catalina de Salazar, su hija Isabel y al menos una criada. También sabemos que en torno a 1612 vivió en una casa de la calle Magdalena esquina a la calle Espada, en-

---

[21] De *El casamiento engañoso* y *El coloquio de los perros* [*Novelas ejemplares* (1613)].

frente del monasterio de la Merced[22], lo que ahora es la plaza de Tirso de Molina. En ninguna de estas casas hay referencia alguna que las señale, y las vamos a dejar de lado en nuestro paseo para bajar por la acera de la izquierda de la calle Atocha hasta Costanilla de los Desamparados, en cuya esquina se encontraba la IMPRENTA DE MARÍA RODRÍGUEZ DE RIVALDE, VIUDA DE PEDRO MADRIGAL (37), mal conocida como imprenta de Cuesta (FIGURA 8).

La imprenta de Rivalde era una de las mejores de Madrid. En ella trabajaban unos veinte operarios, contaba con seis prensas, treinta y seis cajas tipográficas, veinticuatro chibaletes, nueve bancos de componer, cuatro divisorios para componer los originales, once galeras, once galerones, cinco ramas pequeñas, dos grandes, una caja para hacer negro de humo, una saca para recogerlo, una grúa...

Desde 1602 se había hecho cargo de la gestión de la imprenta Juan de la Cuesta, marido de María de Quiñones,

[22] Hacia 1620 vivió allí fray Gabriel Téllez, famoso autor de comedias que firmaba como Tirso de Molina.

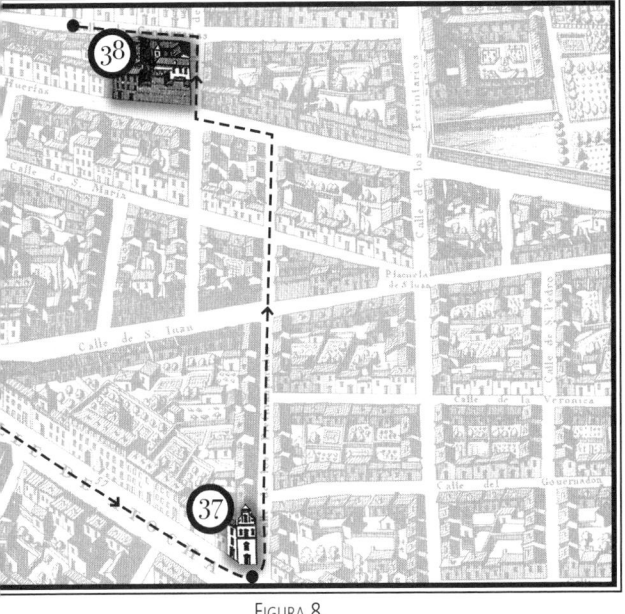

Figura 8.

sobrina de la propietaria, y como tal gerente fue responsable en 1605 de la primera edición de la primera parte del *Quijote* (enero) y de la segunda tres meses más tarde, pero nada más. Se sabe que huyó a América por deudas en 1607, de modo que, aunque su nombre siguió apareciendo en las portadas y colofones, cuando se publicaron la tercera edición (1608), las *Novelas ejemplares* (1613) y la *Segunda parte del Quijote*

(1615) el gerente ya sería probablemente Jerónimo de Salazar.

La imprenta estaba pegada al hospital de incurables del Carmen, también llamado de los Desamparados, que se instaló allí en 1609 y que a mediados del siglo XVII acabó por absorber el local de la imprenta. En 1953, cuando el edificio estaba declarado en ruina y a punto de demolición, un grupo de intelectuales liderados por Luis Astrana Marín fundaron la Sociedad Cervantina y lo adquirieron decididos a conservar para la posteridad el espacio donde se imprimió el *Quijote*. El 14 de diciembre de 1987 quedó inaugurado el espacio donde ente otras cosas se puede ver una reproducción de una imprenta igual a la que usaron en 1605[23].

Subimos ahora por la Costanilla de los Desamparados de regreso al corazón del Barrio de las Letras. No es difícil imaginar a Cervantes caminando por esta calle desde su casa, ya que sabemos que al menos entre 1607 y 1611 tuvo tratos frecuentes con la imprenta de los herederos de Madrigal.

---

[23] Se pueden concertar visitas a través de su web en horarios determinados, o acordar visitas de grupo.

Al llegar a la calle de Huertas doblamos a la izquierda e inmediatamente nos metemos a la derecha por la Costanilla de las Trinitarias, rodeando el CONVENTO DE LAS TRINITARIAS (38), cuya entrada principal está en la actual calle de Lope de Vega, la antigua Cantarranas (FIGURA 9)

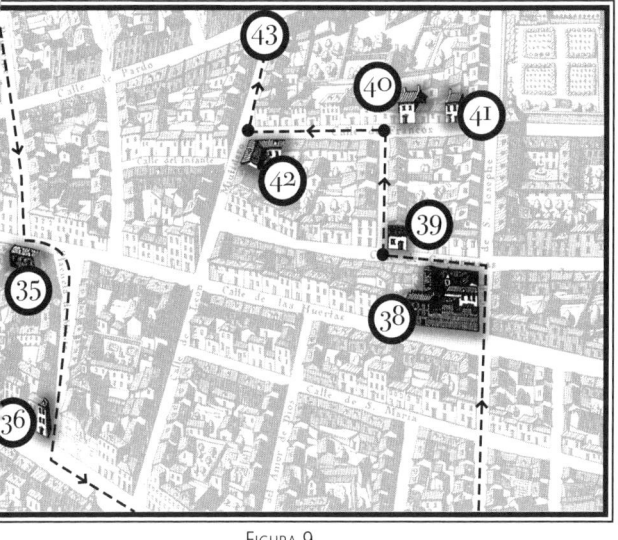

FIGURA 9.

El convento de las Trinitarias Descalzas fue fundado en 1612 por Francisca Romero Gaitán, y en él profesó una hija de Lope de Vega, Marcela. Ante sus ventanas pasó en 1635 el cortejo fúnebre del poeta para que la hija, ya priora por aquel entonces, pudiera despedirlo. Pero si es famoso el convento de las Trinitarias, y por ello en su día la Real Academia logró salvarlo de la demolición (1869), es porque allí se conservan los restos de Miguel de Cervantes.

Cervantes fue enterrado en la cripta del monasterio en abril de 1616, y diez años después lo siguió su esposa, Catalina de Salazar. En 1698, con motivo de la ampliación del monasterio y las obras de remodelación que lo acompañaron fechadas en 1673, hubo una reducción de restos que abarcó a todos estos primeros enterramientos. Concluidas las obras, recolocaron los restos agrupados directamente bajo el piso, en una esquina de la actual cripta. En 2015 se acometió la búsqueda y exhumación de esos huesos para ver si era posible identificar los de Cervantes, sin éxito. Desde entonces, una lápida marca el lugar del osario.

Casi enfrente de la puerta de la iglesia de las Trinitarias sale a la derecha la calle de Quevedo, que en tiempos de Cervantes se llamaba la calle del

Luis de Góngora.

Niño, y en cuya esquina estaba la CASA con cuadra y caballeriza que QUEVEDO compró en 1620 (39). Al parecer en ella vivía de alquiler Luis de Góngora, de quien Cervantes, gran admirador, dijo temer agraviar con sus cortas alabanzas, aunque las subiera al grado más supremo[24]. Esta es la casa en la cual Góngora, amante de las cartas, mantenía un garito con su amigo y también admira-

[24] *Viaje del Parnaso.*

dor don Juan de Tassis, conde de Villamediana. Sin embargo, con Quevedo, su nuevo casero, Góngora mantenía una enconada y antigua enemistad, exacerbada a raíz de la publicación de las *Soledades* (1613). Parece que Quevedo encontró la excusa para echar a Góngora de la casa y, según cuenta un poema de controvertida atribución, para perfumar y limpiar el aire de los eflu-

Francisco de Quevedo.

vios pestilentes que decía que habían dejado los poemas gongorinos, Quevedo quemó, como pastillas de ámbar, versos de Garcilaso.

La calle del Niño (Quevedo) es muy corta y termina en la actual calle de Cervantes, que antiguamente era la calle de Francos. Un poco a la derecha, en la acera de enfrente, está la CASA DE LOPE DE VEGA (40).

Lope de Vega.

Lope de Vega compró esta casa en 1610, y es de los pocos edificios civiles y no palaciegos que se conservan de la época. La distribución actual es parecida a la original, a pesar de las lógicas adaptaciones y remodelaciones que ha sufrido a lo largo de los siglos, y sus gestores han conseguido conservar el ambiente y el aroma del tiempo en que la habitó el Fénix de los Ingenios, incluido el huerto del que estaba tan orgulloso. En su momento, Lope consiguió librarse de la carga de aposento por medio de un pago de 4.500 maravedíes, aunque le gustaba mucho dar posada a sus amigos, como repetidas veces hizo, por ejemplo, con don Alonso de Contreras[25].

Un poco más abajo en dirección a la actual calle de san Agustín se hallaba la MANCEBÍA DE FRANCOS (41), una de las más populares y exclusivas de la época, a la que ya hemos hecho referencia al hablar de las Soleras.

Desde la casa de Lope de Vega paseamos en dirección a la calle del León para encontrarnos en la esquina con la última casa en la que vivió y en la que murió Miguel de Cervantes. O mejor

---

[25] Ver *Vida del capitán Alonso de Contreras*. En la casa-museo hay una habitación dedicada a este personaje.

Alonso de Contreras.

dicho, con la casa que ocupa el solar donde estuvo aquella vivienda, derribada en 1833 ante los desolados ojos de Mesonero Romanos. Ya he dicho que este iba a ser un viaje de sombras, y esta es más ominosa que ninguna.

La última CASA DE CERVANTES (42) era la número 20 de la manzana 288 de la calle del León, que hace esquina y vuelta con la de Francos. Al parecer, Cervantes vivió una temporada en otra casa de la calle del León, en una de las manzanas próximas a la calle de Atocha[26], de la que no hay recuerdo alguno, de modo que este es el espacio que ha perdurado en la memoria como su última casa, el lugar donde probablemente escribiera su precioso prólogo a *Los trabajos de Persiles y Sigismunda*: «Puesto ya el pie en el estribo, con las ansias de la muerte, gran señor, esta te escribo...», y su «¡Adiós, gracias; adiós, donaires; adiós, regocijados amigos; que yo me voy muriendo, y deseando veros presto contentos en la otra vida!».

La casa en cuestión era propiedad del escribano real Gabriel Martínez, y terminó de construirse en 1614. La entrada principal daba a la calle del León, y contaba con un piso bajo, un principal y un segundo abuhardillado con un pa-

---

[26] Probablemente en el número 8. En el número 27 de la misma calle nació Jacinto Benavente, premio Nobel de Literatura (1922) y en el número 21 está la Real Academia de la Historia, donde residió Marcelino Menéndez Pelayo.

lomar. Entrando desde la calle a la izquierda tenía un zaguán, la caballeriza y una sala con ventanas a la calle de Francos, que el dueño usaba como despacho. Al fondo se abría la escalera para acceder a la vivienda principal. Cervantes vivía con su mujer y una criada en las habitaciones del bajo a la derecha, y allí murió el 22 de abril de 1616.

Girando a la derecha en la calle del León nos adentramos en el MENTIDERO DE LOS ARTISTAS (43), un espacio querido y frecuentado por Cervantes, sobre todo en la confluencia de la calle del León con la del Prado. Era el lugar de encuentro de poetas, comediantes y todos los relacionados con el mundo de la farándula, sobre todo entre Cuaresma y Pascua, que era el período de contratación y renovación de las compañías de teatro de cara a la nueva temporada.

Y si seguimos bajando llegamos a la actual plaza de las Cortes, frente al actual Congreso de los Diputados (FIGURA 10).

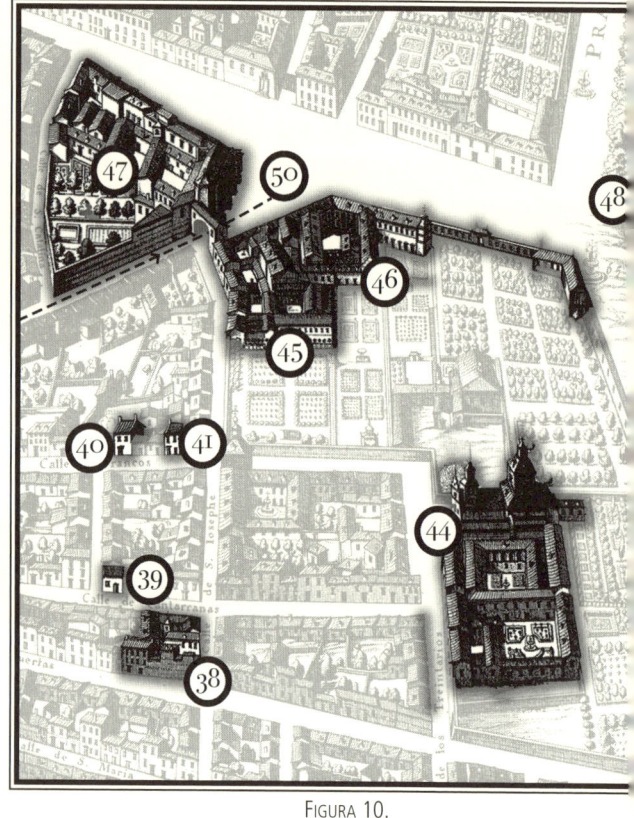

FIGURA 10.

Antes de despedirnos, les voy a pedir un último esfuerzo de imaginación. Sitúense mirando hacia el Este. Casi todo lo que se ve a nuestra derecha, el edificio que llega hasta la actual calle del duque de Medinaceli, unido al enorme edificio del hotel Palace, formaban parte de lo que en tiempos de Cervantes era el complejo palacial del duque de Lerma. Se construyó en 1613, entre el cohecho, el tráfico de influencias y la connivencia de un ayuntamiento agradecido por haber devuelto la capitalidad a la villa. En él compartían espacio el CONVENTO DE TRINITARIOS DE JESÚS (44)[27], el de CAPUCHINOS DE SAN ANTONIO (45) y el PALACIO DUCAL (46), propiamente dicho, que además se unía por medio de un pasadizo elevado a través de la calle del Prado al CONVENTO DE SANTA CATALINA DE SIENA (47), de monjas dominicas, que se levantaba en el solar que hoy en día ocupa el hotel Villa-Real. Unos quinientos sirvientes con sus familias, casi tres mil personas, vivían al amparo de sus muros. El recinto albergaba también una ermita, un huerto, una yeguada y el primer coso de Madrid, donde se corrían toros y se celebraban todo tipo de espectáculos en honor a los reyes. Los festejos del 24 de junio de 1614, por ejemplo, quedaron deslucidos porque el oso, el tigre y el caballo que debían enfrentarse para diver-

---

[27] Se puede visitar la basílica de Jesús de Medinaceli.

sión de los invitados se resistieron a saltar a la arena.

Duque de Lerma.

A nuestra izquierda discurre la Carrera de San Jerónimo, conocida en la época como la calle del Prado, porque en este desembocaba la riada de carruajes procedentes de la calle Mayor, en un continuo ir y venir. Mirando hacia el frente se ve lo que entonces era el PRADO DE SAN JERÓNIMO (48), que se extendía entre las actuales plazas de Neptuno y Cibeles, y que era un apacible paseo bordeado de álamos. A principio de siglo se instalaron varios puentecillos y fuentes y se convirtió en el lugar de exhibición y encuentro de los elegantes de la Corte. Para solaz de los paseantes, el duque de Lerma mantenía una orquestilla en el balcón de una dependencia que daba al paseo.

Si miramos hacia la plaza de Neptuno, puede verse en lo alto el convento de capuchinos de SAN JERÓNIMO EL REAL (49), fundado en el siglo XV por los Reyes Católicos. El edificio que hoy se contempla fue restaurado en el siglo XIX después de la ocupación francesa, pero su imagen es similar a la que pudo contemplar Cervantes cuando recorriera este espacio, porque se conservaron la cubierta y los muros. Ante su altar juraban los príncipes de Asturias, y los representantes de los reinos de Castilla y León los reconocían como herederos de la Corona y les prometían fidelidad.

Aquí termina nuestro paseo, al pie de la ESTATUA DE MIGUEL DE CERVANTES (50), obra de Francisco Solá (1835). Es hora de despedirnos del príncipe de los ingenios, o como dice el estudiante en el prólogo del *Persiles*, de «el manco sano, el famoso todo, el escritor alegre, y, finalmente, el regocijo de las musas». Tal y como dije al principio, el rastro físico de la vida de Cervantes a su paso por Madrid ha sido un deambular entre sombras, todo lo contrario que su obra, que de una u otra forma, sigue iluminando a todos los escritores del mundo. De modo que coman, beban, recuperen fuerzas y, en cuanto puedan, disfruten de sus historias y de su compañía.

Bibliografía

Sɪ ǫᴜɪᴇʀᴇɴ ᴅɪᴠᴇʀᴛɪʀsᴇ y conocer íntimamente este Madrid en el que convivieron Cervantes, Lope de Vega, Quevedo, Góngora, Vélez de Guevara y tantos otros genios del Siglo de Oro, lean *Ladrones de tinta*, de Alfonso Mateo-Sagasta (Reino de Cordelia), pero si solo necesitan ampliar la información de este paseo, pueden consultar las siguientes obras:

❀ Dᴇʟᴇɪᴛᴏ ʏ Pɪ̃ɴᴜᴇʟᴀ, José. *El rey se divierte (Recuerdos de hace tres siglos)*. Espasa Calpe. Madrid. 1964.

❀ *También se divierte el pueblo*. Espasa Calpe. Madrid. 1966.

❀ *La mala vida en la España de Felipe IV*. Espasa Calpe. Madrid. 1967.

❀ *Solo Madrid es Corte (La capital de dos mundos bajo Felipe IV)*. Espasa Calpe. Madrid. 1968.

❀ GÓMEZ DE LA SERNA, Ramón. *Historia de la Puerta del Sol*. Ediciones Almarabú. Madrid. 1987.

❀ GUERRA DE LA VEGA, Ramón. *Historia de la arquitectura en el Madrid de los Austrias (1516-1700)*. Edición del autor. Madrid. 1984.

❀ LÓPEZ, Tomás. *Descripción de la provincia de Madrid*. (Facsímil de 1763). Asociación de Libreros de Lance. Madrid. 1988.

❀ LUCÍA MEJÍAS, José Manuel. *La juventud de Miguel de Cervantes. Una vida en construcción (1547-1580)*. Edaf. Madrid. 2016.

❀ *La madurez de Miguel de Cervantes. Una vida en la Corte (1580-1604)*. Edaf. Madrid. 2016.

❀ *La plenitud de Miguel de Cervantes. Una vida en papel (1604-1616)*. Edaf. Madrid. 2019.

❧ MESONERO ROMANOS, Ramón. *El Antiguo Madrid, paseos histórico-anecdóticos por las calles y las casas de esta villa*. (Facsímil de 1861). Ábaco ediciones. Madrid. 1976.

❧ ROSALES, Luis. *Estudios sobre el Barroco*, Vol. 3 de sus *Obras completas*. Editorial Trotta. Madrid. 1997.

❧ SAINZ DE ROBLES, Federico Carlos. *Historia y estampas de la villa de Madrid* (Tomo I). Ediciones Giner. Madrid. 1984.

❧ SÁNCHEZ TRASANCOS, Antonio. *Historia de la industria en Madrid*. Edición del autor. Madrid. 1972.

❧ VV. AA. *Viajeros impenitentes. Madrid, visto por los viajeros extranjeros en los siglos XVII, XVIII y XIX*. Comunidad de Madrid. 1989.

Esta segunda edición
en Reino de Cordelia de
Un Paseo por el Madrid de Cervantes
se acabó de imprimir
en el otoño
de 2025

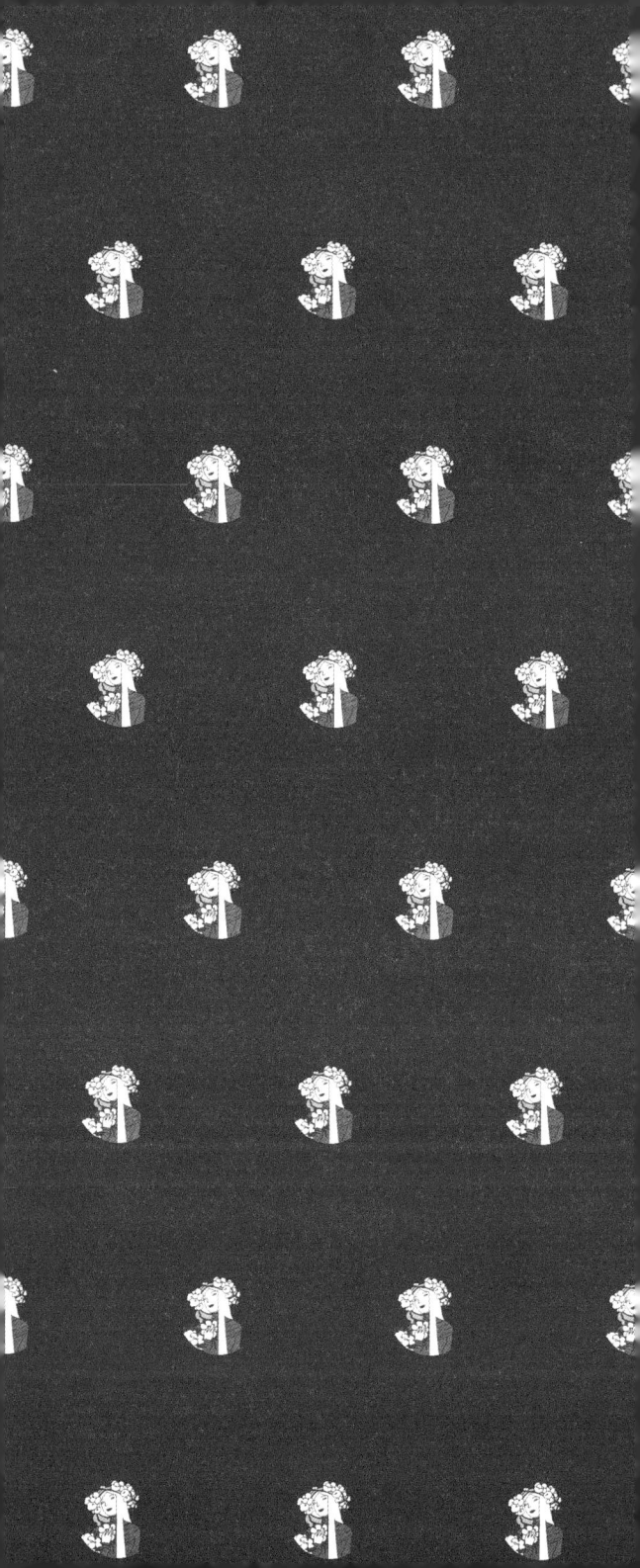